La píldora del liderazgo

KEN BLANCHARD
MARC MUCHNICK

La píldora del liderazgo

Traducción de
Flora Casas

Grijalbo

Título original: *The Leadership Pill*

Primera edición en U.S.A.: marzo, 2004

© 2003, The Blanchard Family Partnership and People First
Group Holdings LLC
Publicado por acuerdo con The Free Press, una división de
Simon & Schuster, Inc.
© 2004, Grupo Editorial Random House Mondadori, S. L.
Travessera de Gràcia, 47-49. 08021 Barcelona
© 2004, Flora Casas Vaca, por la traducción

Printed in Spain – Impreso en España

ISBN: 1-4000-9448-8

Distributed by Random House Español

ÍNDICE

INTRODUCCIÓN

La mano de obra es en la actualidad más compleja y diversa y está más informada que nunca. En consecuencia, la actitud de «o a mi manera o carretera», el ordeno y mando ya no funciona en el mundo de la empresa. En última instancia, la gente anda buscando algo distinto y mejor en el liderazgo organizativo. Exigen jefes que no solo obtengan resultados sino que se ganen la confianza y el respeto de sus equipos.

La píldora del liderazgo es una divertida parábola que pone de relieve la necesidad de que los jefes muestren integridad, cimenten una atmósfera de colaboración y confirmen la autoestima de las personas dándoles a entender que lo que hacen es importante. Estamos convencidos de que cuando se sintoniza con lo que de verdad quiere la gente, se puede superar a cualquiera, incluso a alguien que crea haber encontrado la píldora del liderazgo perfecto.

Esperamos que lean este libro para descubrir lo que de verdad hace falta para ser un Jefe Eficaz, y quizá puedan compartirlo con otras personas que se beneficiarán del mensaje y los conocimientos que comporta. Hay que recordar que el liderazgo no es algo que se hace a las personas, sino algo que se hace con ellas.

Un saludo,

KEN y MARC
San Diego, California

EL DESCUBRIMIENTO

Un día soleado, en el mundo de la gran empresa estadounidense, las Industrias de la Píldora del Liderazgo (IPL) inauguraron su primer centro de producción con un anuncio del que inmediatamente se hicieron eco los medios de comunicación del país entero: «Todos los atributos del liderazgo eficaz condensados en una píldora».

Los muchos años de investigación y de estudios piloto finalmente habían dado resultados. La empresa había bautizado su producto pionero con el acertado nombre de Píldora del Liderazgo y tenía previsto distribuirlo a escala nacional.

La prensa consideró la Píldora del Liderazgo una innovación increíble, sensacional. Tras lamentar la escasez de líderes con talento en el mundo de los negocios, la política y otros círculos de organización, los medios de comunicación pedían a gritos más información.

«Los datos aportados por los sondeos de la industria corroboran el apoyo al lanzamiento de la Píldora del Liderazgo», anunció el portavoz de las IPL.

Con el fin de perfilar aún más el mercado para su nuevo producto, las IPL contrataron a una agencia independiente para dirigir a una serie de grupos especializados destinados a investigar diversas cuestiones de importancia. Una en concreto provocó la respuesta más viva entre la mayoría de los participantes: «De todos los líderes que ha conocido, ¿a cuántos considera realmente grandes líderes?».

«Los datos de los grupos especializados son convincentes —declararon las IPL ante los medios de comunicación al recibir y analizar los resultados—. En general, lo que preocupa a todos los directores ejecutivos y a los subdirectores es la falta de liderazgo en sus filas, sobre todo en los niveles medios de la dirección. Solo unos cuantos mandos intermedios y empleados importantes recuerdan haber trabajado con un auténtico líder.»

Los estudios realizados por psicólogos de la industria en un *think tank* de liderazgo a nivel nacional corroboraron estos hallazgos:

«La mayoría de las organizaciones comerciales, gubernamentales y sin fines de lucro se encuentran atrapadas en una continua crisis de liderazgo —reveló el libro blanco de la agencia—. Además, la tensión y la inseguridad en el trabajo siguen dominando el panorama empresarial. No existen indicios de que la situación vaya a mejorar».

La aparición de la Píldora del Liderazgo desencadenó una oleada de expectación. En las salas de juntas no paraban de hablar sobre el asunto. Los empleados hacían sus especulaciones ante la máquina de café. Nadie daba crédito: ¡el liderazgo concentrado en una píldora!

«Pero ¿puede esa píldora librar al mundo de tanto jefecillo y ejecutivo autoritario? —preguntaron muchas personas—. ¿Se puede realmente confiar en que los jefes cumplan lo que prometen?»

A su juicio, la propuesta resultaba de lo más tentadora.

Mientras que la Píldora del Liderazgo recibía un apoyo increíble, una figura muy destacada y respetada en el mundo del liderazgo organizativo —conocido, y con mucha razón, como el Jefe Eficaz por sus probadas dotes de mando en el transcurso de los años— alzó su voz pidiendo cautela.

«Si no cuentan con la combinación adecuada de elementos para el liderazgo, esa píldora hará más mal que bien», declaró el Jefe Eficaz en un programa de entrevistas.

LA RUEDA DE PRENSA

En respuesta al interés que había despertado la Píldora del Liderazgo, la jefa de relaciones públicas de las Industrias de la Píldora del Liderazgo convocó oficialmente una rueda de prensa. El gran acontecimiento se difundió simultáneamente por la televisión nacional y por internet.

Hubo un torrente de preguntas y comentarios de numerosos expertos, popes de la dirección empresarial y supervivientes de organizaciones en bancarrota.

—¿Puede garantizar que la Píldora del Liderazgo funciona de verdad? —preguntó un analista del Consorcio Internacional del Liderazgo.

—Por supuesto —contestó la jefa de relaciones públicas de las IPL, que había hecho carrera en las grandes empresas de comunicación—. Las pruebas con la Píldora del Liderazgo han resultado lo suficientemente convincentes como para que ofrezcamos la devolución del dinero si el cliente no queda satisfecho —añadió sonriendo.

Intervino el director ejecutivo del departamento de recursos humanos. Preguntó:

—¿Qué contiene realmente esa Píldora del Liderazgo?

—Lo que puedo decirles es que contiene lecciones extraídas de líderes a quienes lo que les interesaba eran los resultados, como Patton, Napoleón y Atila —desveló la jefa de relaciones públicas—. Es una potente combinación de ingredientes.

Steve Cheney, de la Asociación de Gerentes preguntó:

—¿Qué dosis se recomienda para los mandos intermedios que acaban de ascender? ¿Presenta riesgos para la salud, y ha sido aprobada por Sanidad?

—Steve, la Píldora del Liderazgo es totalmente fiable —contestó la jefa de relaciones públicas en tono tranquilizador—. Se podrá adquirir sin receta o encargándola en el portal de internet de Industrias de la Píldora del Liderazgo, pildoraliderazgo.com.

Indicando con un gesto que esperaran un momento para hacer más preguntas, la jefa de relaciones públicas sacó un bote de píldoras de su maletín.

—Si las cámaras pueden tomar un primer plano de este frasco de píldoras, el público verá la posología. A los aquí presentes, les ruego que miren el monitor de pantalla plana a mi izquierda.

POSOLOGÍA

Dos píldoras cada seis horas. Los jefes que hayan ascendido recientemente deben doblar la dosis durante los primeros 90 días.

Si no mejora la capacidad para dirigir, acúdase a un profesional de recursos humanos. Tomar esta píldora con más de tres bebidas diarias que contengan cafeína puede desembocar en adicción al trabajo.

En caso de despido reciente o de prejubilación, abstenerse de utilizar este producto para prevenir conductas pasivo-agresivas.

Más información en IPL, www.pildoraliderazgo.com

Tras tomar escrupulosas notas, el director de *The Daily Voice* planteó la pregunta que les rondaba a todos:

—Entonces, ¿cómo funciona? ¿Qué ocurre cuando tomas la Píldora del Liderazgo?

—Esta píldora aumenta la capacidad para dirigir —explicó la jefa de relaciones públicas—. La persona que la toma se centra más en las tareas y se orienta más hacia la acción. Aumenta su capacidad para dirigir a los demás y obtener resultados. En realidad, la Píldora del Liderazgo funciona rápidamente y te da el control del líder, del dirigente. No existe nada parecido.

—Increíble —comentó el director del periódico.

—Desde luego que es increíble —admitió la jefa de relaciones públicas—. Pero no se trata de una inyección milagrosa. Según los datos que hemos recogido, la Píldora del Liderazgo dispara el centro del liderazgo en el cerebro estimulando su química natural. Por decirlo de otra forma: con una sola dosis se enciende la bombilla del liderazgo. Se hace el trabajo en menos tiempo, disfrutas trabajando con plazos muy ajustados y superas fácilmente a la competencia. En realidad, te conviertes en un superjefe.

—¡Es increíble! —repitió Bobbi Cassidy, de la Asociación de Evaluación del Liderazgo—. ¿Y cuánto dura el efecto de la píldora?

—Depende de cada persona. Sabremos más con el paso del tiempo, pero hay algo seguro —dijo la jefa de relaciones públicas, e hizo una pausa para que sus palabras causaran mayor impacto—. La Píldora del Liderazgo tiene el potencial de convertirse en la primera fórmula milagrosa para la empresa estadounidense.

LA ECLOSIÓN

Los rumores que se propagaron tras la rueda de prensa desencadenaron aún más agitación. Los pedidos inundaron las IPL, y en todos los sectores de la industria se desbordó el interés por el producto.

En tan solo una semana, el portal pildoraliderazgo.com recibió más de siete millones de visitas. Según las primeras estadísticas, la píldora ya se estaba vendiendo mejor que el Viagra.

Poco después, las IPL lanzaban su nuevo eslogan: «La Píldora del Liderazgo, para cuando se siente la necesidad de mandar».

La campaña publicitaria de las IPL, desplegada a múltiples niveles, llegó a un público muy diverso. Las empresas de distribución hicieron cola para obtener derechos exclusivos y se crearon consorcios para asegurar los precios en función del volumen de ventas.

Siguiendo el mismo modelo, una serie de empresas independientes formaron organizaciones de la Píldora del Liderazgo para ejercer su influencia. Las empresas mayoristas empezaron a forjar estrategias de asociación con las IPL.

La píldora arrasó. Según una encuesta realizada en todo el país, el 87 % de los ejecutivos estaba a su favor.

La píldora causó gran revuelo incluso en los organismos gubernamentales, donde los escépticos habían vaticinado una escasa penetración en el mercado.

Al portal de pildoraliderazgo.com llegaban diariamente los testimonios de clientes satisfechos, tales como:

Cuando me paro a pensarlo, me doy cuenta de que desde que soy jefe me he pasado la mayor parte del tiempo intentando seguir adelante, sobrevivir. La Píldora del Liderazgo me ha cambiado la vida. Ahora, en lugar de reaccionar, tomo la iniciativa, tomo decisiones con plena confianza. Gracias, IPL.

JILL, Mineápolis, Minnesota
Subdirector de operaciones, Astor Pharmaceuticals

Acaban de ascenderme a jefe de grupo y voy a toda pastilla. La Píldora del Liderazgo es la auténtica salvación.

ROB, Ciudad de Nueva York, Nueva York
Jefe de grupo del Metropolitan Service, JLC

Resulta difícil imaginarse la vida sin la Píldora del Liderazgo. ¿Cómo funcionábamos antes de su aparición?

TERRY, Denver, Colorado
Director de ventas, estación de esquí de Powder Basin

En cuestión de meses, las Industrias de la Píldora del Liderazgo empezaron a cotizar en Bolsa y contrataron a un equipo de profesionales para que supervisaran la curva de crecimiento. Pildoraliderazgo.com pasó a ser no solo el foco de ventas, sino también de información sobre vídeos, cintas y libros de autoayuda.

El entusiasmo se contagió a todos los sectores. Las innovaciones del producto entraron en el mercado sin tardar: píldoras de colores a gusto del consumidor, comprimidos de gelatina e incluso dosis de mayor duración para jefes con mucho trabajo.

Las empresas familiares proliferaron como setas: talleres, grupos de apoyo y de consulta. Los asesores financieros aprovecharon la ocasión para elevar las iniciativas de la píldora del alto rendimiento a las prioridades de sus clientes. Al cabo de poco tiempo se desarrollaban programas de concienciación sobre la Píldora del Liderazgo prácticamente en todas las grandes empresas.

Mientras tanto, los fundadores de las IPL se embolsaron la mayoría de sus acciones preferentes, al igual que los numerosos empleados de la empresa que habían estado allí desde el principio. Los mandarines de Wall Street empezaron a llamarlos «pildomillonarios», mientras que los analistas se planteaban si esas ventas a tope no serían un presagio de lo por venir.

Pero las ventas de la píldora siguieron aumentando. De momento, el futuro de las IPL parecía de lo más prometedor.

LA COMPETICIÓN

Cuando la popularidad de la Píldora del Liderazgo empezó a aumentar, apareció una entrevista con el Jefe Eficaz en la primera página de *The Leadership Times* que fue reproducida por diversos medios a escala nacional. El Jefe Eficaz, crítico acérrimo de la píldora, estaba convencido de que su composición no era adecuada.

—El problema de la Píldora del Liderazgo son sus ingredientes. Las IPL han intentado infundir a su producto lecciones clásicas de liderazgo, pero parece que no han extraído el material debido —declaró—. He observado a personas que toman la pastilla y solo les preocupa obtener resultados. Los jefes verdaderamente eficaces también se ganan la confianza y el respeto de los miembros de su equipo. Se destacan por motivar a los demás y darles a entender que lo que hacen es importante.

Los comentarios del Jefe Eficaz produjeron preocupación por la Píldora del Liderazgo y suscitaron gran demanda de información en las oficinas centrales de las IPL. Ante la creciente confusión, el director ejecutivo de la empresa fue a ver a la jefa de relaciones públicas.

—¿Qué está pasando? —preguntó—. Cuéntamelo en menos de sesenta segundos. Ya llego tarde a la partida de golf.

—Para abreviar, el Jefe Eficaz está empeñado en que nuestra pastilla tiene defectos. Propone una competición sin píldoras para demostrarlo —explicó la jefa de relaciones públicas.

—Vamos a ver, vamos a ver... ¿Cómo que el Jefe Eficaz? —preguntó pensativo el director ejecutivo—. ¿Ese tipo va en serio?

—El Jefe Eficaz es un pope muy respetado en el mundo empresarial desde hace décadas. Su punto de vista sobre el liderazgo se resume en este mensaje en forma de píldora que se publicó con la entrevista —dijo la jefa de relaciones públicas mientras le daba el artículo al director ejecutivo:

Dirigir a las personas
es lo contrario de
intentar controlarlas.

—Ese Jefe Eficaz debería modernizarse un poco —dijo el director ejecutivo—. Ya nadie dirige a nadie sin pastillas. A ver si se entera.

—Antes de que entraras estaba hablando por teléfono con él —dijo la jefa de relaciones públicas—. Está empeñado en celebrar una competición sin las píldoras. Dice que los medios de comunicación se han puesto en contacto con él para que haga pública la propuesta en una rueda de prensa. Al día siguiente aparecerá en los periódicos.

—Pues qué bien. Ya me estás contando cómo va a funcionar esa competición —masculló el director ejecutivo.

La jefa de relaciones públicas guardó silencio unos segundos. Después dijo:

—Es una especie de prueba de gustos: ser jefe con o sin pastillas. Un jurado independiente seleccionará a dos equipos con funciones diversas, de baja productividad, con mal servicio de ayuda al cliente y moral muy baja. El Jefe Eficaz dirigirá uno de los equipos, con el objetivo de cambiarlo por completo durante un período de doce meses sin tomarse ni una sola Píldora del Liderazgo.

—¿Y el otro equipo? —preguntó el director ejecutivo.

—El otro equipo servirá como grupo de comparación y estará dirigido por un jefe que trabaje actualmente en la organización, que se abstendrá de tomar la pastilla hasta el comienzo de la competición —explicó la jefa de relaciones públicas—. Después, tomará religiosamente la pastilla durante un año, mientras intenta que el grupo de comparación pase a ser un equipo de alto rendimiento.

—Venga, lo dirás en broma —replicó el director ejecutivo con desprecio—. El Jefe Eficaz lo lleva claro. Sin las píldoras perderá, seguro. Esta competición puede ser nuestra campaña publicitaria sobre la necesidad de la píldora para la supervivencia de los jefes. Voy a poner a trabajar a los del equipo comercial ahora mismo. Notifica a ese Jefe Eficaz que aceptamos el reto. Va a ser pan comido.

Y así se hizo oficial la Competición sin Píldoras.

LA PREPARACIÓN

El jurado independiente que presidía la Competición sin Píldoras dio una buena batida durante varias semanas entre empresas en apuros y organismos gubernamentales ineficaces. No resultó difícil encontrar organizaciones disfuncionales, a la vista de los cambios acelerados, la dura competición y los jefes mal preparados en todas las industrias.

Tras deliberar detenidamente, el jurado identificó dos empresas renqueantes, nada rentables. Los individuos con el nivel más bajo de productividad fueron seleccionados en esas empresas para ser miembros del recién creado equipo de funciones diversas dentro de cada compañía. Los dos grupos pasarían a ser los equipos de la Competición sin Píldoras.

Según el informe del jurado independiente, ambos equipos necesitaban a todas luces un liderazgo eficaz. Habían experimentado múltiples cambios de dirección durante los dos últimos años. En las evaluaciones de rendimiento, a los miembros del equipo se los califica de perezosos, indisciplinados y apáticos. Su sentido de la atención debida al cliente era mínimo, en el mejor de los casos.

«Pocos individuos de estos equipos hacen algo más que lo indispensable para salir del paso —explicaba el jurado independiente en sus conclusiones—. La mayoría se dedica a quejarse de los métodos de la dirección en lugar de responsabilizarse de su propio trabajo. Salta a la vista que piensan que tienen más posibilidades de morirse de un ataque al corazón que de ser despedidos.»

A medida que se acercaba la Competición sin Píldoras los medios de todo el país empezaron a tomar posiciones para el gran acontecimiento. Los representantes de las Industrias de la Píldora del Liderazgo, entre ellos el director ejecutivo y la jefa de relaciones públicas, no perdían comba y siempre estaban dispuestos a conceder entrevistas y a reunirse con los periodistas.

El Jefe Eficaz también accedió a una breve rueda de prensa justo en la víspera del inicio de la Competición sin Píldoras. Para la ocasión se preparó un salón especial, que se llenó de periodistas dispuestos a atacar.

—¿Por qué se necesita todo un año para la Competición sin Píldoras? —preguntó Geraldine García, conocida comentarista de la radio pública.

—Se tarda tiempo en ser verdaderamente eficaz cuando diriges un equipo —respondió el Jefe Eficaz.

—Comprendo —dijo la periodista, asintiendo—. Se trata de tener suficiente tiempo para obtener resultados.

—Dirigir a las personas con eficacia supone algo más que obtener resultados —replicó el Jefe Eficaz—. Supone obtener el compromiso del equipo. Muchos jefes se centran en los resultados y se olvidan de su gente. Los machacan hasta que terminan el trabajo. Para ellos, el éxito consiste en el resultado a corto plazo del equipo. Por otra parte, la prueba de fuego del liderazgo consiste en ganarse la confianza y el respeto del equipo, mantener alta la motivación y ayudarlos a alcanzar nuevas metas. El resultado es que los miembros del equipo trabajarán juntos y sistemáticamente, incluso cuando no esté el jefe.

Los periodistas allí presentes reflexionaron sobre las palabras del Jefe Eficaz mientras leían la chapa en forma de píldora que llevaba en la solapa:

Dirigir bien no se hace
solo cuando estás presente,
sino también cuando
no lo estás.

—Entonces, ¿lo que viene a decirnos es que en un año va a transformar un grupo de personas de bajo rendimiento a quienes no ha visto en su vida en un equipo de funciones diversas con elevada productividad y, encima, absteniéndose de tomar la Píldora del Liderazgo de principio a fin? —preguntó un corresponsal de *The Worker's Digest* con expresión de incredulidad.

—Exactamente —contestó el Jefe Eficaz.

—¿Y qué prueba tendremos de que no toma la píldora? —añadió el corresponsal.

—Me harán análisis de vez en cuando, sin previo aviso, naturalmente —respondió el Jefe Eficaz.

—Aparte de no tomar las píldoras, ¿cómo se evaluará en la competición el éxito o el fracaso de su equipo frente al grupo de comparación?

—Aplicaremos los tres principios básicos establecidos por el jurado independiente para evaluar la evolución de los dos equipos trimestralmente —contestó el Jefe Eficaz.

—Perdone, pero no acabo de entenderlo —dijo el periodista—. ¿En qué consisten los tres principios básicos?

—Así evaluarán los jueces los tres factores más importantes del rendimiento —explicó el Jefe Eficaz—. Los tres principios básicos reconocen que las grandes empresas son los generadores de la demanda, los proveedores de la demanda y los inversores en la creación de demanda.

—Menuda palabrería —replicó el periodista—. ¿No podría concretar más cómo piensan evaluar cada elemento de los tres principios básicos?

—Desde luego. Se estimará la generación de demanda consultando a nuestros clientes para averiguar hasta qué punto se han rebasado sus expectativas. Cuando los clientes pasan a ser auténticos hinchas, también pasan a formar parte del equipo de ventas, por el sistema del boca a boca. Les encanta alardear de lo bien que los tratas.

—Comprendo —replicó el periodista.

—El siguiente elemento de los tres principios básicos se evaluará por la moral interna y el rendimiento en el trabajo —añadió el Jefe Eficaz—. Existe un fuerte vínculo entre un equipo entusiasta, motivado, y un equipo que sistemáticamente tiene una productividad sólida.

—Esto nos lleva a lo que acaba de decir sobre los jefes eficaces, que logran compromiso y resultados de sus equipos —observó el periodista.

—Exacto. El último elemento de los tres principios básicos (la inversión en la creación de demanda) se refiere a las finanzas. Hay que ponderar los. beneficios en la ecuación del rendimiento.

—Pero tanta historia sobre hinchas y entusiastas... —interrumpió un articulista de *The Business Insider*—. Al fin y al cabo, ¿no son las finanzas lo único importante?

—Lamento no estar de acuerdo en ese punto —dijo el Jefe Eficaz—. Permítanme que me despida con algo sobre lo que deberían reflexionar. —Sacó otra chapa en forma de píldora de un bolsillo y se la prendió en la solapa de la chaqueta, junto a la que se había puesto antes, para que todos vieran la leyenda:

Los beneficios son los aplausos
que recibes por cuidar a tus clientes
y crear un entorno que motive
a la gente.

Terminó la entrevista y los de la prensa se fueron cada uno por su lado. Muchos tenían sus dudas sobre las posibilidades de triunfo del Jefe Eficaz.

Antes de que acabara el día, en la calle se apostaba veinte a uno a que el Jefe Eficaz intentaría hacerse con unas cuantas píldoras antes de que acabara la competición, pero a la mañana siguiente empezó a desvelarse la verdadera historia.

LA MEZCLA SECRETA

El primer día de la Competición sin Píldoras el Jefe Eficaz llegó puntualmente a la reunión con su nuevo grupo de funciones diversas, seleccionado por el jurado independiente, que estaba programada para las ocho de la mañana, pero a las ocho y cuarto seguía solo en la sala de conferencias.

La gente empezó a entrar, poco a poco, la mayoría con cara de sueño. Nadie saludó al Jefe Eficaz ni nadie le dirigió siquiera una sonrisa.

—Bueno, me alegro mucho de conoceros —dijo el Jefe Eficaz.

Sus palabras fueron recibidas con miradas perdidas y caras de pocos amigos.

—Estoy seguro de que todos sentís curiosidad por saber un poco más sobre la Competición sin Píldoras —continuó, sin hacer caso al frío recibimiento.

—Pues sí. Por ejemplo, por qué nos han elegido para este equipo y no para el otro —dijo en tono quejumbroso Javier Robles, de recursos humanos—. Si tú no tomas la pastilla y el jefe de los otros se pone hasta las cejas, no tenemos nada que hacer. Dentro de doce meses todos estaremos buscando trabajo y nadie querrá contratarnos. Nos llamarán «los perdedores sin píldoras» el resto de la vida.

—Verás, Javier —replicó el Jefe Eficaz al ver el nombre en la tarjeta de identificación—. Sería la primera vez que conozco a un grupo de personas que no pueden formar un equipo de alto rendimiento, entregado, desde que aprendí la Mezcla Secreta del liderazgo eficaz.

—¿La Mezcla Secreta? Parece un nuevo brebaje de la cadena Starbucks —replicó Javier riendo—. ¿Y qué vas a hacer? ¿Dejarnos torrefactos como el café para que nos sometamos?

—Espero que no —respondió el Jefe Eficaz, sonriendo—. Pero eso sí; tengo pensado reunir los tres ingredientes de la Mezcla Secreta para cimentar nuestro trabajo en equipo.

—Vale. Ya está bien de tenernos en ascuas con tanta metáfora sobre el café. Concreta en qué consiste la Mezcla Secreta —dijo Mary Weisman, de operaciones comerciales, un poco harta.

Llevaba más tiempo trabajando en la empresa que los demás que estaban en la sala.

—Mary, con el debido respeto, sencillamente contaros las cosas no es la mejor manera de aprender. He de admitir con toda sinceridad que cometí muchos errores como jefe y que aprendí mucho y me dieron muchos palos en la escuela de la vida hasta que descubrí las maravillas de la Mezcla Secreta. La mejor manera de pillarle el tranquillo es empezar con el concepto que cada uno tiene del liderazgo —dijo el Jefe Eficaz mientras señalaba una pregunta que estaba escrita en la pizarra, detrás de él:

SI PUDIERAIS ELEGIR, ¿QUÉ PEDIRÍAIS DE UN JEFE?

La sala quedó en silencio. Transcurrieron varios minutos hasta que al fin habló Denzel Frederick, el representante de ventas.

—¿Que qué querría yo de un jefe? ¡Pues que desapareciera para siempre!

Todos pensaron: «Tierra, trágame». El Jefe Eficaz se lo tomó con calma y respondió a la bromita. Dijo:

—Denzel, si fueras el genio de la lámpara maravillosa, me harías pasar un mal rato. Venga, a ver si se te ocurre algo mejor.

—Vale —dijo Denzel, comprendiendo que le había salido el tiro por la culata—. Lo que me gustaría es que los jefes nos dijeran la verdad. Vamos, que fueran honrados, que no nos contaran mentiras.

—Tu franqueza me parece encomiable; ¿podrías poner algún ejemplo? —preguntó el Jefe Eficaz.

—Yo sí que puedo —terció Daniel Noonan, que estaba puliendo su currículo—. Es cuando la dirección nos dice que no va a haber despidos y al cabo de tres semanas la mitad de mi equipo de proyectos está cobrando el paro.

—Tienes mucha razón —dijo Li Young Kitoko, técnico de programas, que había decidido no integrarse en el escalafón porque estaba decepcionada con la estructura organizativa del poder—. Me inspira más confianza un político que un directivo.

—Por lo que veo, todos decís que lo que queréis de los jefes es que cumplan lo que prometen, que digan la verdad.

—Pues sí, lo que yo quiero es que los jefes hagan lo que dicen que van a hacer —replicó Li Young.

—Según todas las encuestas, lo primero que se exige de un jefe es integridad —añadió el Jefe Eficaz—. La integridad significa crear una serie de valores para trabajar y mantenerse fiel a ellos. Cuando los actos de un jefe plasman los valores de la organización, el resultado es una cultura impulsada por los valores. Esa es la esencia de la integridad, el primer componente de la Mezcla Secreta.

El Jefe Eficaz se puso a escribir otro mensaje en la pizarra:

La integridad cimenta
la confianza y el respeto.

—Ojalá pudiera pensar que todos nos encontramos en la misma situación —apuntó Melissa Eckert, encargada de la base de datos—. Las normas parecen distintas para quienes ejercen un cargo directivo.

—¿Podrías concretar un poco más? —le pidió el Jefe Eficaz.

—Da la impresión de que el dinero, el reconocimiento y el poder van a parar a los puestos más altos del escalafón y que los que nos quedamos sin nada somos los que hacemos todo el trabajo y estamos más cerca del cliente —explicó Melissa—. A mí no me parece que todos estemos en la misma situación.

—Es la sensación de estar desconectado. Cada uno de nosotros desempeña su papel en este problema —terció Larry Jensen, del departamento comercial—. Nos preocupan tanto nuestros propios asuntos y proteger nuestro coto privado que se nos olvida que formamos parte de un equipo.

—Larry, a veces resulta muy fácil atrincherarte y tratar de proteger tu territorio —intervino el Jefe Eficaz—. El segundo componente de la Mezcla Secreta, la colaboración, supone que los jefes tienen que ayudar a su gente a trabajar, aprender y desarrollarse juntos, dentro de una unidad.

A continuación escribió en la pizarra:

La colaboración realiza
el potencial del equipo.

—¿Qué más pediríais en un jefe? —preguntó el Jefe Eficaz.

—A mí me gustaría que nos conocieran por lo que somos —contestó Sarah Hawkins, que trabajaba en deudas activas.

—Yo también pondría eso en la lista —dijo Ryan Fletcher, veterano agente del servicio de atención al cliente—. La única vez que mi último jefe me dirigió la palabra fue cuando algo se torció. No creo que ni siquiera supiera cómo me llamo.

—Los buenos jefes no solo conocen a su gente por los puestos que desempeñan —intervino el Jefe Eficaz—. Averiguan por qué cada individuo del grupo es especial, único.

—Un momento, pero yo es que no soporto las zalamerías —espetó con cara de asco Mo Zellinger, el supervisor de producción.

—¿Por qué? —preguntó el Jefe Eficaz—. ¿No te gusta saber que se te valora?

—Tengo que hacer mi trabajo, me valoren o no —respondió Mo—. No me pagan para que esté contento.

—Mo, me parece que tu apatía concuerda con la atmósfera que tenéis aquí —dijo el Jefe Eficaz.

—¿Qué quieres decir? —insistió Mo.

—Lo que quiero decir es que no me parece que la mayoría de vosotros se queje de que os agradezcan demasiado lo que hacéis —contestó el Jefe Eficaz—. Con la valoración, tercer ingrediente de la Mezcla Secreta del liderazgo eficaz, la gente siente que aprecian lo que hace.

El Jefe Eficaz volvió a la pizarra y escribió:

Con el elogio, las personas
saben que lo que hacen
es importante.

El Jefe Eficaz guardó unos momentos de silencio mientras observaba la cara de cada miembro del grupo. A continuación preguntó:

—Si yo pudiera satisfacer los deseos que habéis expresado sobre lo que esperáis de un jefe (integridad, colaboración y elogios), ¿creéis que podríamos llegar a formar un equipo de alto rendimiento y ganar la Competición sin Píldoras?

Varios miembros del grupo movieron la cabeza en señal de asentimiento, mientras que otros, más reservados, se limitaron a esperar a que el Jefe Eficaz continuara.

—Hasta nuestra próxima reunión, me gustaría que reflexionaseis sobre el papel que todos debemos desempeñar para que empiecen a funcionar los tres ingredientes de la Mezcla Secreta —dijo el Jefe Eficaz—. Espero veros a todos puntualmente en la próxima reunión.

Cuando el grupo salía de la sala, el Jefe Eficaz observó que mientras que algunos miembros parecían más animados y llenos de energías que antes, otros no tenían la menor intención de participar en la tarea propuesta. «Empezamos a divertirnos», pensó.

LA BÚSQUEDA DE LA INTEGRIDAD

Días más tarde, aquella misma semana, el Jefe Eficaz se sometió a la primera serie de análisis de fármacos, y los resultados fueron remitidos a las Industrias de la Píldora del Liderazgo y a los medios de información. Enseguida se corrió la voz de que no tomaba pastillas y que progresaba con su equipo. Sin embargo, ya existían indicios de que el grupo de comparación de la Competición sin Píldoras estaba obteniendo logros considerables en cada uno de los parámetros de los tres principios básicos. Por el contrario, el equipo del Jefe Eficaz avanzaba con mucha lentitud.

Al llegar a la siguiente reunión, dos miembros del grupo saludaron al Jefe Eficaz cuando entró a la sala, a las ocho menos diez de la mañana.

—Es que queríamos pillar un buen sitio —le explicaron.

Antes de las ocho ya se había presentado más de la mitad del personal y había tomado asiento.

—Gracias por haber venido —dijo el Jefe Eficaz—. Es muy buena señal. Vamos a ver: ¿dónde nos habíamos quedado?

—Pero si no han llegado los demás... —intervino Denzel Frederick.

—Podemos empezar sin ellos —replicó el Jefe Eficaz.

—Creía que querías que formáramos un equipo —dijo Denzel.

—Claro que sí —replicó el Jefe Eficaz—. Pero los equipos de alto rendimiento no pueden quedarse atrás por culpa de quienes no cumplen sus compromisos. Habíamos dicho que todos estaríamos aquí esta mañana. Quienes no hacen lo que dicen que van a hacer muestran falta de respeto por los demás. Lo que ponen en juego es su integridad.

—Tengo la impresión de que volvemos a lo de la Mezcla Secreta —dijo Melissa Eckert.

—Pues sí, en este caso tiene mucho que ver la Mezcla Secreta —replicó el Jefe Eficaz—. Aún más; el primer paso para acceder a una cultura de integridad consiste en construir una infraestructura de confianza y respeto. Me gustaría hablar sobre los métodos que podríamos seguir vosotros y yo para conseguirlo mediante una dirección eficaz.

—Yo tenía entendido que lo de dirigir, lo del liderazgo, era asunto tuyo —dijo Melissa.

—Tienes razón, pero no puedo resultar eficaz a menos que cada uno de vosotros desempeñe su papel desde una perspectiva de autodirección. Es una cuestión de reciprocidad —dijo el Jefe Eficaz mientras se volvía para escribir lo siguiente en la pizarra:

Dirigir no es algo que se hace
a las personas, sino algo
que se hace con ellas.

—Dices que la clave de la integridad consiste en la confianza y el respeto. ¿No son lo mismo? —preguntó Sarah Hawkins.

—Francamente, no —contestó el Jefe Eficaz—. Empecemos con el respeto. Si yo te respeto, te miro cara a cara, es decir, quiero que participes en la toma de decisiones y quiero tener en cuenta tus opiniones. Por eso el liderazgo es algo que hacemos juntos. Sin embargo, en un entorno de poco respeto, no me importa lo que tú pienses. Si no te respeto, te vuelvo la espalda.

—Eso me suena. Como todos los jefes que hemos tenido —recordó Sarah.

—Por desgracia, algunos jefes piensan que ellos han inventado todo lo bueno —añadió el Jefe Eficaz—. Actúan como si no les importara en absoluto lo que piensan los demás.

—Pero el respeto es algo recíproco, ¿no? —preguntó Li Young Kitoko.

—Desde luego. Yo, por ejemplo, espero que me escuchéis igual que yo quiero escucharos a vosotros —dijo el Jefe Eficaz.

—Yo tengo una idea de cómo podría hacerse realidad ese respeto entre nosotros —intervino Daniel Noonan mientras entraban en la sala Mo Zellinger, Mary Weisman y Javier Robles, con retraso.

—Bien. Explícanoslo —le pidió el Jefe Eficaz.

—Respetar la regla de oro: haz a los demás lo que quieres que te hagan a ti —dijo Daniel—. Como director de proyectos, quiero que se respeten mis opiniones. Por tanto, tengo que respetar las opiniones de los demás.

—Otra forma de que funcione el respeto es dirigir con el ejemplo —añadió Ryan Fletcher—. Mi forma de hablar con los clientes establece el tono de cómo nos consideran a la empresa y a mí. Mi conducta influye directamente en su nivel de respeto.

—Has dado en el clavo —dijo el Jefe Eficaz mientras se daba la vuelta para escribir en la pizarra:

Dirigir con integridad significa
ser como quieres que sean
los demás.

—¿Y la confianza? —preguntó Ryan.

—La confianza se da cuando yo estoy dispuesto a pasarte el balón y que te lo lleves al área de castigo —dijo el Jefe Eficaz—. Es cuando yo sé que vas a actuar de la misma manera tanto si yo estoy presente como si no.

—Pues buena suerte. Ya veremos cuándo pasa eso aquí —dijo Javier en tono burlón.

—Para crear un entorno de confianza, se necesitan una serie de valores operativos que sirvan de guía a las personas cuando están trabajando en objetivos de organización —replicó el Jefe Eficaz, sin hacer caso al sarcasmo de Javier.

—Supongo que querrías que nuestros tres valores fueran integridad, colaboración y elogio —dijo Denzel Frederick con aires de suficiencia.

—Bueno, ¿qué piensas tú? —preguntó el Jefe Eficaz.

—Pues si vamos a trabajar juntos, en equipo, supongo que esos valores tienen sentido —admitió Denzel.

—La importancia de ser fieles a los valores de nuestra Mezcla Secreta se nos presentará con mayor claridad a medida que vayamos aprendiendo más sobre ellos —aseguró el Jefe Eficaz.

—Te lo tomas muy en serio —dijo Mary Weisman.

—Todos deberíamos hacerlo. He visto empresas que ponen sus valores en placas y estandartes en la pared, pero nadie se lo cree. Nadie recurre a esos valores para tomar decisiones, y los jefes no pueden hacer responsables a la gente de no actuar de acuerdo con ellos —explicó el Jefe Eficaz—. Ese desprecio hacia los valores de la organización desemboca en una crisis de confianza.

Se volvió otra vez hacia la pizarra y escribió lo siguiente:

La confianza es lo que
resulta de la coincidencia
de valores y conductas.

—Entonces, ¿cómo empezamos a cimentar la confianza entre nosotros? —preguntó Melissa Eckert.

—En primer lugar, me gustaría que hicierais una lista de las tres cosas que más os gustan de trabajar aquí y de las tres cosas que menos os gustan, pero de verdad —dijo el Jefe Eficaz.

El equipo no tuvo el menor problema para confeccionar las listas. Al examinar el ejercicio, el Jefe Eficaz se rodeó de algunos miembros del equipo para leer los resultados. «Un trabajo interesante» figuraba como lo más positivo; a continuación «un sueldo decente» y «condiciones de trabajo agradables». La lista de lo negativo iba encabezada por «promesas incumplidas», y siguiendo muy de cerca «falta de espíritu de equipo» y «escaso reconocimiento de los logros».

—¿Y si nos centramos en lo bueno? —sugirió Li Young Kitoko.

—Tenemos que saber qué es lo que no funciona para descubrir dónde hay que empezar a mejorar. Un aspecto clave de la integridad consiste en tener la suficiente confianza mutua como para compartir nuestros puntos fuertes y nuestros puntos flacos. Cuando sabemos que no nos van a derrotar por nuestras deficiencias, podemos buscar fórmulas para mejorar —dijo el Jefe Eficaz.

Mientras los miembros del equipo intentaban buscar métodos para reforzar el respeto y la confianza, empezó a ponerse de manifiesto la relación entre el valor de la integridad de la Mezcla Secreta y la capacidad para trabajar eficazmente como equipo.

Se esforzaron por ganarse el respeto de sus compañeros de trabajo y del Jefe Eficaz escuchando activamente y echando una mano a los demás por iniciativa propia. En las subsiguientes reuniones de personal hicieron inventario de lo que habían conseguido, pero también de los asuntos en los que no habían dado la talla. Poco a poco fue desarrollándose un sentimiento de confianza entre los miembros del equipo y entre ellos y el Jefe Eficaz. También él hacía su aportación para enriquecer la creciente cultura de integridad.

En la siguiente reunión, el Jefe Eficaz observó:

—Muchos directivos aseguran seguir una política de puertas abiertas cuando en realidad tienen las puertas cerradas a cal y canto. Cuando no están escondidos en su despacho o en una comida de trabajo que dura tres horas, la cara de pocos amigos que te ponen equivale a «prohibido el paso». La gente nunca sabe cómo localizarlos.

—Has descrito perfectamente a los jefes que hemos tenido antes que tú —dijo Mo Zellinger—. Pero ¿cómo sabemos que no has heredado esa actitud?

—Mo, los jefes que mantienen la promesa de ser realmente accesibles a sus colaboradores lo consiguen eliminando todas las conjeturas. Demuestran su integridad actuando de acuerdo con los valores que exigen a sus equipos. Esto pone de relieve la importancia de que vosotros y yo mantengamos los valores de la Mezcla Secreta —dijo el Jefe Eficaz, y a continuación escribió en la pizarra:

Estarán más dispuestos a confiar
en ti y a respetarte cuando lo
que dices coincide con
lo que haces.

A continuación el Jefe Eficaz desveló un sistema de planificación para conectarse con él por ordenador, y estableció, según sus propias palabras, la política de los lunes sin reuniones.

—Cuando la pongamos en marcha, tendréis acceso directo a mi planficación. Daos cuenta de que no estoy programando reuniones ni conferencias para los lunes —dijo—. Así podré dedicar al menos un día entero todas las semanas a sesiones de preparación individuales y a charlas informales con vosotros. A medida que vayamos trabajando juntos (y mientras vosotros confiéis en mí y yo en vosotros) probablemente no tendré que dedicarle tanto tiempo.

Al equipo le encantó comprobar que el Jefe Eficaz cumplía lo que prometía, reflejo de su compromiso con el valor de la integridad de la Mezcla Secreta. De todos modos, aún vacilaban un poco, sin saber si debían confiar plenamente en él cuando se acercaba el final del primer trimestre de la Competición sin Píldoras.

EL IMPERATIVO DE LA COLABORACIÓN

Los resultados del primer trimestre de la Competición sin Píldoras se hicieron públicos en un comunicado de prensa proporcionado por el jurado independiente. Mientras que el grupo dirigido por el Jefe Eficaz había realizado continuos progresos en la forja de la integridad, sus tres principios básicos no mejoraban tan rápidamente como en el caso del grupo de comparación.

—Contamos con unos cimientos sanos para el crecimiento —declaró el Jefe Eficaz ante los periodistas—. No seríamos realistas si pensáramos que podíamos pasar de ser un equipo disfuncional a otro de alto rendimiento en solo noventa días. No hay que darse por vencidos.

Por su parte, el grupo de comparación de la competición mostró logros significativos en los tres campos de rendimiento. El jefe de ese equipo, que tomaba las píldoras continuamente, como estaba planeado, recibió felicitaciones por su decisión, su convicción y confianza.

«Que el mundo entero sea testigo de la fuerza de la Píldora del Liderazgo —proclamó el director ejecutivo de las IPL en una entrevista por televisión—. El servicio de atención al cliente, la moral y la productividad están mejorando día a día. Y también la rentabilidad. ¡Es una pastilla muy potente!»

Las existencias de las IPL saltaron a la sección de las noticias favorables. Los titulares de todos los periódicos más importantes anunciaron el éxito de la píldora. Los tabloides sacaron temas de portada con títulos sugerentes como «La pastilla del siglo», «Una ayudita para los jefes» y «El medicamento más fiable de EEUU».

El Jefe Eficaz no se dejó intimidar por la considerable ventaja del grupo de comparación ni por el hecho de que hubieran salido disparados y aún siguieran en cabeza. Lo primero que hizo al principio del segundo trimestre de la Competición sin Píldoras fue una visita nocturna a las instalaciones de producción de su equipo.

—¿Qué te trae por aquí en el turno de noche? —preguntó el encargado—. ¿Qué pasa? ¿Alguien se ha olvidado de fichar?

—Tranquilo, que no muerdo —aseguró el Jefe Eficaz.

—Entonces, ¿a qué viene esta visita? —anadió el encargado.

—Para ver si podía echar una mano esta noche. No he tenido la oportunidad de conoceros a todos y he pensado que estaría bien presentarme así —contestó el Jefe Eficaz.

—Pues debe de gustarte pasarlo mal —insistió el encargado.

—A lo mejor tienes razón, pero no se me caen los anillos por meterme en faena —dijo el Jefe Eficaz.

Estuvieron bromeando un rato y después el Jefe Eficaz se puso a hacer cosas. Al final del turno, el encargado le dijo en un aparte:

—Es un paso muy importante para fortalecer la colaboración entre los trabajadores y la dirección. Esta noche nos has demostrado a todos que valoras lo que hacemos.

El Jefe Eficaz se quedó un poco más para tomar café y bollos con el equipo. Tras estrechar un sinfín de manos se despidió y se fue a casa al amanecer, para un merecido descanso.

Horas más tarde volvió para la reunión de personal. Escribió lo siguiente en la pizarra:

La clave para ser un jefe eficaz
radica en la relación que estableces
con tu equipo.

—¿Por qué ha cambiado la hora de la reunión y la ha puesto por la tarde? —preguntó Li Young Kitoko al entrar en la sala.

—Habrá pasado mala noche —susurró Ryan Fletcher con una risita—. Igual tiene resaca.

—Buen mediodía a todos —dijo el Jefe Eficaz, sin hacer caso de los comentarios—. Gracias por haberos acoplado a este cambio de última hora. Anoche hice una visita muy fructífera a los del turno de noche.

—¿En serio? —dijo Ryan, atónito—. Ningún directivo ha ido a verlos.

—Pues vosotros tendríais que ir un día de estos. Estoy seguro de que lo agradecerían —replicó el Jefe Eficaz—. A veces se nos olvida que todos estamos embarcados en lo mismo.

—A ver. ¿A qué jugamos hoy? —preguntó Larry Jensen—. Empiezo a tener hambre.

—Tranquilo, que vamos a comer —replicó el Jefe Eficaz.

—Estupendo —dijo Larry—. ¿Nos vas a llevar a algún sitio bonito?

—Lo siento, Larry, hoy no —dijo el Jefe Eficaz, sonriendo—. Voy a encargar comida para que nos la traigan aquí.

—O sea, que es un almuerzo de trabajo —rezongó Mary Weisman.

—Yo preferiría decir que se trata de una sesión de almuerzo y aprendizaje. Hay unas cuantas cosas interesantes que me gustaría revisar con vosotros.

El Jefe Eficaz expuso durante la siguiente media hora las perspectivas de la organización. Ofreció un avance del presupuesto revisado y de la previsión de ingresos, y finalmente les dio copias del último informe trimestral.

—¡Vaya! —exclamó Daniel Noonan mientras él y los del equipo hojeaban los números—. Nunca había visto uno de estos.

—Ahora comprendo por qué vamos tan mal con los créditos a cobrar —dijo Sarah Hawkins—. Mirad cuántos créditos vencidos.

—Pensad en la cantidad de dinero que está ahí muerto de risa —intervino Mo Zellinger—. No me extraña que los beneficios estén tan por debajo de los objetivos.

—La mayoría de los directores ejecutivos no presentan informes de este nivel al personal —explicó el Jefe Eficaz—. Actúan como si se tratara de información reservada. En realidad, significa todo lo contrario de trabajar en colaboración. La gente va dando palos de ciego, intentando dar en un blanco que ni siquiera puede ver.

—Sé a qué te refieres —dijo Javier Robles—. Yo soy el responsable de cubrir las vacantes, pero no me entero de cuántas personas han dejado la empresa hasta treinta días después de que hayan salido por esa puerta.

—Nuestro último jefe pensaba que éramos demasiado tontos para entender los números —añadió Denzel Frederick.

—Si sabes cuadrar tu propia cuenta corriente, sabes interpretar un informe de empresa —replicó el Jefe Eficaz—. El segundo valor de nuestra Mezcla Secreta se basa en compartir esta clase de datos. Fundamentalmente, la participación tipifica la reciprocidad: vosotros y yo estamos a las duras y a las maduras. Al fin y al cabo, no quiero ser el único que no pueda dormir por las noches.

Cuando llegó la comida, el Jefe Eficaz escribió lo siguiente en la pizarra:

Quien comparte, reparte.

El grupo continuó discutiendo estas ideas durante la comida y después retiraron los platos.

—Antes de terminar este almuerzo de trabajo quisiera pediros otra cosa —dijo el Jefe Eficaz—. Como sabéis, he reservado los lunes con el único objeto de pasar con vosotros tiempo de calidad, constructivo. Lo que me gustaría hacer es reunirme con vosotros semanalmente de tú a tú, aumentando el tiempo desde quince hasta treinta minutos.

—No entiendo nada. ¿Para qué? —preguntó Mary Weisman.

—Programar reuniones de tú a tú garantiza que tendré tiempo para veros a cada uno de vosotros regularmente —contestó el Jefe Eficaz—. En otras palabras, quisiera hablar con vosotros sobre vuestras preocupaciones y ver en qué puedo ayudar. Quiero discutir vuestros planes de trabajo. Es la ocasión de que yo os escuche. Al fin y al cabo, no estoy aquí solamente para evaluar vuestro rendimiento. Quiero trabajar en colaboración con vosotros para ayudaros a ganar. Y si vosotros ganáis, yo también gano.

—Me parece una invitación irresistible —dijo sonriendo Melissa Eckert.

Se celebraron sesiones de almuerzo y aprendizaje durante los tres meses siguientes. Larry Jensen y Sarah Hawkins se encargaron de hacer sus propias variaciones sobre los temas de mercadotecnia y contabilidad financiera para los compañeros que quisieran aprender más al respecto. Quedaron encantados al comprobar que tenían público.

Con el paso de las semanas, el Jefe Eficaz siguió dando negativo en las pruebas de consumo de la Píldora del Liderazgo. Durante el segundo trimestre de la Competición sin Píldoras desarrolló otros métodos para fortalecer la participación mediante el aprendizaje compartido. En primer lugar, dirigió un proyecto de tutorías al 50 por ciento en el que los miembros más antiguos del personal ayudaban a aclimatarse a los recién contratados por la empresa. Después empezó a llevar a miembros del equipo a las reuniones a las que antes acudía solo.

—Quiero que estéis en el meollo de las cosas para que obtengáis una experiencia consistente y aprendáis —explicó el Jefe Eficaz.

Al mismo tiempo celebró reuniones de tú a tú con cada uno de los miembros del equipo. Al principio sentían ciertos reparos a la hora de compartir sus preocupaciones y necesidades, pero al ver que el Jefe Eficaz no los recriminaba, ni siquiera cuando compartían malas noticias, empezaron a confiar en el procedimiento. Ese régimen semanal de aprendizaje continuo creó un flujo constante y recíproco de información y ayudó al Jefe Eficaz a efectuar la transición de dirigir a su equipo a convertirse en una especie de entrenador.

Además, el Jefe Eficaz fomentó una atmósfera de colaboración estableciendo un proceso de aprendizaje a base de intercambio de conocimientos y trabajos rotatorios. A medida que esa iniciativa fue calando, evolucionaron nuevas posibilidades de desarrollo en el trabajo y se ampliaron las destrezas colectivas del equipo.

Lo último que emprendió el Jefe Eficaz en el segundo trimestre de la Competición sin Píldoras fue un programa de «ensombrecimiento» del jefe para las personas a quienes les interesara. Melissa Eckert fue la primera que se presentó.

—Me gustaría que dirigieras la reunión de personal de la próxima semana —le dijo el Jefe Eficaz cuando Melissa se inscribió—. Es la última reunión del trimestre.

—Pero ¿qué pasa? ¿Te mandan a otro sitio o algo? —preguntó Melissa.

—No, qué va. He pensado que a lo mejor te gustaría ver cómo es —contestó el Jefe Eficaz—. La mayoría de los directivos piensan que son los únicos capaces de dirigir una reunión. Las reuniones llevan mucho tiempo, y me parece que estaría bien que hubiera más personas para compartir esa carga. Además, las técnicas para facilitar el desarrollo del grupo son muy valiosas.

—Lo intentaré, pero no tengo ni idea de hablar en público —confesó Melissa.

—Yo te enseñaré —le prometió el Jefe Eficaz—. El objetivo consiste en que lo hagas bien, no en que fracases.

Melissa se reunió con el Jefe Eficaz varias veces aquella semana para mejorar su técnica.

—Te saldrá bien —le dijo el Jefe Eficaz—. No te preocupes si te pones un poco nerviosa.

La mañana de la reunión de personal, todos los miembros del equipo estaban en la sala antes de las ocho, algo insólito.

—Al menos eso es buena señal —dijo Melissa suspirando.

Dirigió una última mirada al Jefe Eficaz, que a su vez la miró con expresión confiada y le dio ánimos para recibir al grupo.

Melissa se soltó y ya no se echó atrás. Todos se dieron cuenta enseguida de que estaba mucho más preparada de lo que se imaginaban. Al final, Melissa fue a la pizarra para escribir lo que había aprendido aquella semana sobre la colaboración:

**Resulta más fácil
subir la cuesta
si vamos todos juntos.**

Durante los días siguientes el equipo se tomó muy en serio el mensaje de Melissa. Llegaron a la conclusión de que «subir la cuesta todos juntos» significaba algo más que trabajar en colaboración con el Jefe Eficaz. Comprendieron que, en última instancia, tenían que prestarse apoyo mutuo y estar dispuestos a ayudarse los unos a los otros.

Melissa dio el primer paso ofreciéndose a dedicar tiempo a cualquier miembro del equipo que quisiera aprender a dirigir con eficacia una reunión. Li Young Kitoko tomó la iniciativa de encargarse de depurar el sistema informático de los programas de recursos humanos que impedían a Javier Robles obtener estadísticas sobre contratación de personal y datos sobre las solicitudes de trabajo en tiempo real. Los ejemplos fueron multiplicándose y empezó a surgir en el equipo una atmósfera de reciprocidad y afecto.

EL ARTE DE LA VALORACIÓN

Los resultados del segundo trimestre de la Competición sin Píldoras fueron presentados a la prensa. Como en el trimestre anterior, el grupo de comparación había obtenido mejores frutos en cuanto a satisfacción de los clientes y beneficios, pero en cuanto a moral empezaba a mostrar una tendencia descendente. Por el contrario, el equipo del Jefe Eficaz demostraba auténticos logros en todos los indicadores de los tres principios básicos.

—Estamos haciendo verdaderos progresos como generadores, proveedores e inversores en la creación de demanda —dijo el Jefe Eficaz—. La apuesta no ha terminado, ni mucho menos, pero vamos a ganarla sin la Píldora del Liderazgo.

El Jefe Eficaz estaba dispuesto a sacar provecho de los progresos de su equipo. En la siguiente reunión de personal, estudió con ellos los resultados del segundo trimestre de la Competición sin Píldoras.

—Gracias por vuestros esfuerzos. Si bien nos queda todavía un largo camino por recorrer, hemos mejorado mucho en cuanto a integridad y colaboración. Ahora hemos de encontrar métodos para continuar y potenciar al máximo nuestros tres principios básicos. Es ahí donde entra en juego el tercer factor de la Mezcla Secreta: la valoración.

—¿Y cómo se manifiesta la valoración? —preguntó Daniel Noonan.

—Una forma sencilla es dar las gracias. Puedes influir enormemente en cómo se sienten los demás si les transmites que aprecias sus esfuerzos y reconoces que lo que hacen es importante —dijo el Jefe Eficaz—. La clave consiste en seguir las reglas del elogio eficaz.

—¿Las reglas? —replicó Daniel.

—Sí —contestó el Jefe Eficaz—. El elogio es más eficaz cuando es concreto y sincero y cuando se hace a tiempo, lo antes posible después de la actuación deseada. Debería aplicarse sistemáticamente en las situaciones que lo merecen, no cada vez que una persona hace algo bien.

—Te he entendido muy bien hasta lo último que has dicho, lo de no elogiar a la gente todo el rato —dijo Daniel.

—Vamos a ponerlo de otra manera, Daniel —replicó el Jefe Eficaz—. No alabar a las personas cada vez que hacen algo bien contribuye a que aprendan a alabarse a sí mismos en lugar de depender de que otros lo hagan continuamente.

—Sí, tienes razón —reconoció Daniel.

El Jefe Eficaz llamó a Mo Zellinger al día siguiente.

—Quiero hablar contigo después de comer —dijo—. Lo antes posible.

Angustiado, Mo llamó a unos compañeros para ver si sabían qué pasaba.

—A lo mejor es que te despiden —respondió Mary Weisman.

—Pues nada, encantado de haberte conocido —dijo Javier Robles.

Cuando Mo entró, el Jefe Eficaz le preguntó si quería un café.

—No, gracias. Cuanto antes acabemos con esto, mejor —contestó Mo.

—¿Sabes por qué has venido aquí? —preguntó el Jefe Eficaz.

A Mo se le amontonaron los pensamientos negativos. Sabía que debía de haber hecho algo mal.

—Solo quería dedicar unos momentos a decirte que estoy encantado con tu forma de trabajar últimamente —añadió el Jefe Eficaz—. Han aumentado las cifras de producción y las nóminas están por debajo del presupuesto. Quiero agradecerte tu actitud positiva y tus esfuerzos.

Mo se quedó boquiabierto, sin poder pronunciar palabra.

—Te has puesto blanco —dijo el Jefe Eficaz—. ¿Qué te pasa?

—Pensaba que me habías llamado para despedirme —replicó Mo.

—¿Por qué tiene que pensar todo el mundo que hay algún problema cuando lo llama el jefe? —preguntó el Jefe Eficaz—. No quería hundirte, sino felicitarte.

Mo comprendió en aquel momento que se había ganado la confianza y el respeto del Jefe Eficaz, y también que este había logrado otro tanto con él. En su habilidad para el elogio reflejaba lo fácil que resultaba conseguir que la gente se sintiera valorada. Aquel mismo día el Jefe Eficaz envió una nota a cada uno de los miembros del equipo:

El elogio es la forma más sencilla
de que las personas sepan
que se las valora.

Tras leer el último mensaje del Jefe Eficaz, a Denzel Frederick se le ocurrió una idea para crear una vía recíproca para la valoración. Instauró por iniciativa propia un programa básico llamado «Te mereces un aplauso».

—Cuando pillo a algún miembro del equipo poniendo en práctica la integridad, la colaboración o la valoración, lo recompenso enseguida con un certificado que firmo personalmente agradeciéndole que sea embajador de la Mezcla Secreta, lo que yo llamo EMS —explicó entusiasmado Denzel.

Otros miembros del equipo adoptaron rápidamente la idea de Denzel. Larry Jensen incluso empezó a conceder certificados a clientes ocasionales y proveedores que daban ejemplo de la conducta del EMS.

El Jefe Eficaz, que creía firmemente en el concepto de que hay que pillar a la gente haciendo bien las cosas, ordenó que se imprimiera una buena cantidad de certificados con la leyenda «Te mereces un aplauso» para cada miembro del equipo. En la tapa de cada carpeta puso la siguiente nota:

Todos poseemos la capacidad de reconocer lo bueno que tienen los demás.

El equipo del Jefe Eficaz descubrió que había infinidad de oportunidades para conceder certificados con «Te mereces un aplauso» a los embajadores de la Mezcla Secreta que se lo merecían. Sin embargo, a veces las cosas no iban tan bien. Cuando los miembros del equipo trabajaban por debajo de las pautas marcadas, no era conveniente elogiarlos.

El Jefe Eficaz sabía que las personas que estaban por debajo del rendimiento debido eran capaces, sin embargo, de realizar un buen trabajo. En lugar de centrarse en su bajo rendimiento, se esforzó por encaminar a esas personas. Se reunió tranquilamente con ellas para poner en práctica estrategias que había modificado, las incluyó en proyectos en los que sus habilidades podían resultar más útiles o consiguió que sus compañeros de equipo hicieran el papel de monitores. Y cuando esas personas mejoraron su rendimiento, las elogió.

Siempre con el espíritu de valoración, el Jefe Eficaz también inició un programa de alternativas para combinar el trabajo con la familia y los amigos, con horario flexible, tareas compartidas, trabajo a distancia y semanas laborables reducidas.

—Me he tomado la libertad de pensar que todos tenéis vida privada, aparte del trabajo —le dijo al equipo.

Estableció además descansos de higiene mental para librarse de la tensión en reconocimiento de los mejores rendimientos. Las propuestas consistían en tiempo libre remunerado, vales para masajes, diversión en centros del trabajo, iniciativas para fomentar el espíritu de equipo y gimnasios gratuitos.

—Un descanso para la higiene mental es cuando se hace un paréntesis para refrescar la mente —explicó—. Consiste en darle reposo al cerebro.

Aquella semana envió el siguiente correo electrónico a todos los miembros del equipo:

Llegarás mucho más lejos
si te paras a repostar.

Durante el resto del tercer trimestre el Jefe Eficaz pasó los análisis semanales de drogas sin problemas y prosiguió con la tarea de llevar la valoración a ser la prioridad del grupo. Observó que resultaba más fácil encontrar oportunidades de elogiar a la gente, porque todo el equipo se esforzaba por basar su actuación en los valores de la Mezcla Secreta.

Al mismo tiempo empezaron a circular rumores de que la moral del grupo de comparación de la Competición sin Píldoras estaba de capa caída. Según varios informes no confirmados, el jefe del grupo de comparación se había acostumbrado al estilo autoritario y en ocasiones despiadado de «a mi manera o carretera». Con esa actitud represiva había impresionado al principio, y el equipo lo consideraba convincente y contundente, pero después empezaron a sentirse maltratados y desmoralizados.

En otro informe se aseguraba que la productividad del grupo de comparación de la Competición sin Píldoras disminuía sin parar y que el jefe del equipo se había puesto incluso más autoritario. Para obtener buenos resultados, obligaba a la gente a trabajar hasta el agotamiento.

La jefa de relaciones públicas de las IPL se enfrentó a los medios de comunicación con la esperanza de disipar los temores de los accionistas.

—No se puede considerar pura casualidad que durante dos trimestres seguidos el equipo puntero e indiscutible en la Competición sin Píldoras sea el encabezado por el directivo que toma su dosis diaria de la Píldora del Liderazgo —resaltó—. Huelga decir que estamos muy contentos con los resultados.

A pesar de la confianza que demostró la jefa de relaciones públicas en su alocución, el Consejo Nacional de Seguridad de Medicamentos inició una investigación para examinar los efectos a largo plazo de la Píldora del Liderazgo. Las acciones de las IPL bajaron por primera vez cuando acabó el tercer trimestre de la Competición sin Píldoras.

EL PERFECCIONAMIENTO DE LA MEZCLA

«Es una carrera hasta la meta», decían los titulares de los periódicos de todo el país cuando se anunciaron los resultados del tercer trimestre de la Competición sin Píldoras.

La prensa financiera que cubría el acontecimiento comprobó con sorpresa que el equipo del Jefe Eficaz iba a la par con el grupo de comparación en cuanto a los beneficios, pero que llevaba delantera en cuanto a moral y servicio de atención al cliente.

—Nuestros tres principios básicos van mejor que nunca —proclamó el Jefe Eficaz—. Han descendido las quejas de los clientes, y la moral y el rendimiento operativo son poco menos que excepcionales. Si bien nuestro margen de beneficios ha quedado ligeramente por debajo de lo previsto, tenemos pensado avanzar enormemente durante los últimos tres meses de la Competición sin Píldoras.

El director ejecutivo de las IPL no respondió a los periodistas cuando le preguntaron por qué pensaba que habían descendido las cifras del grupo de comparación con respecto al trimestre anterior. También se negó a pronunciarse sobre la conjetura de que mientras que la Píldora del Liderazgo daba resultados rápidos a corto plazo tal vez no resultara tan eficaz a la larga.

Quizá el hallazgo más asombroso fuera el aumento de movimiento entre los empleados del grupo de comparación. Las entrevistas realizadas por la prensa a la salida del lugar de trabajo daban a entender que el jefe no estaba dispuesto a compartir ni poder ni información con los miembros del grupo, que se sentían dependientes, subordinados, resentidos y faltos de motivación.

Las acciones de las IPL cayeron en picado al tiempo que se debilitó la confianza de los consumidores en el producto. Con la esperanza de evitar un cuarto trimestre desastroso, el jefe del grupo de comparación empezó a tomar una dosis cuádruple de la pastilla.

En medio de la confusión, el Jefe Eficaz mantenía a su grupo centrado en los tres valores de la Mezcla Secreta.

—Ha llegado el momento de correr —dijo en la reunión de personal—. Es la recta final, o sea que no os quedéis rezagados.

—¿Cuál es tu plan de ataque? —preguntó Sarah Hawkins con impaciencia.

—Voy a delegar en el equipo la responsabilidad de esa decisión —respondió el Jefe Eficaz—. Durante todo este año habéis logrado competencia y confianza a la hora de poner en funcionamiento la integridad, la colaboración y la valoración. Y ahora, durante el resto de la Competición sin Píldoras, os toca a vosotros decidir cómo va a seguir funcionando esa combinación.

—¿Y si nos sale mal? —preguntó Javier Robles.

—Un jefe muy inteligente me dijo en una ocasión que hay que fijar el objetivo y quitarse de en medio —dijo el Jefe Eficaz.

—No entiendo —dijo Javier.

—Tened confianza en vuestra capacidad para pensar por vuestra cuenta. Nunca hay que dejarse la cabeza en casa. Os estoy ofreciendo la posibilidad de cumplir el objetivo como os parezca más adecuado. Tomad una decisión y yo os apoyaré —aseguró el Jefe Eficaz mientras escribía otro mensaje en la pizarra:

Los demás empezarán a pensar por su cuenta cuando tú dejes de pensar por ellos.

Durante el primer mes del último trimestre Ryan Fletcher y Larry Jensen se asociaron para organizar el almuerzo de agradecimiento al cliente.

—Combinando nuestras respectivas experiencias en el servicio de atención al cliente y la mercadotecnia, Larry y yo estamos estableciendo nuevos métodos para mejorar la comunicación con los consumidores al tiempo que los valoramos —explicó Ryan al resto del equipo.

—Reforzar la relación con nuestros clientes contribuye a cimentar la confianza y la colaboración recíprocas —añadió Larry.

Entretanto, Melissa Eckert terminó su programa de «ensombrecimiento» del jefe y a continuación aprovechó la experiencia en programación de Li Young Kitoko para elaborar un programa de destrezas multimedia de formación para formadores. Antes de las pruebas beta presentaron un prototipo al Jefe Eficaz.

—Hemos dado al programa el nombre que nos parece más adecuado: «Dirigir es algo más que tomar una pastilla». Y también se nos ha ocurrido un mensaje para darle un empujón al primer módulo —le dijo Melissa al Jefe Eficaz al tiempo que encendía una pantalla:

Dirigir es un proceso que consiste en llevar a todos a donde deberían estar.

A medida que fueron afianzándose la confianza y la resolución del equipo, el Jefe Eficaz empezó a consagrar la mayor parte del tiempo a garantizar que los miembros del equipo contaran con los recursos que necesitaban. Reconocía sus méritos cuando era de rigor, los alentaba a pensar por sí mismos y los instaba a que se tomaran descansos para la higiene mental cuando eran necesarios para reducir la tensión.

Además siguió atendiendo a los miembros del equipo en el proceso de entrenamiento de tú a tú y pasando tiempo en el tajo para preguntarles sobre sus ideas para mejorar. Cuando se aproximaba el final de la Competición sin Píldoras, el Jefe Eficaz tenía ya muy claro que todos y cada uno de los miembros del equipo se estaban ateniendo a los valores de la Mezcla Secreta.

—No cabe duda. Este equipo tiene un alto rendimiento —proclamó en la última reunión de personal.

Por propia iniciativa, Melissa dirigió el programa previsto para aquel día. Saltaba a la vista que había mejorado enormemente su técnica para desarrollar destrezas.

Tras los comentarios de Melissa al final de la sesión, Denzel Frederick se levantó y ofreció al Jefe Eficaz un gigantesco certificado con la leyenda «Te mereces un aplauso» firmado por todos los miembros del equipo.

—Hemos comprendido que ser embajador de la Mezcla Secreta supone reciprocidad. Esta es nuestra forma de reconocer todo lo que nos has enseñado sobre la Mezcla Secreta —dijo Denzel—. ¡Eres su mejor embajador!

Emocionado por aquel detalle, el Jefe Eficaz se despidió del equipo con un último pensamiento que escribió en la pizarra:

El mayor logro de un jefe consiste en ganarse el respeto y la confianza de su equipo.

EL FINAL Y EL COMIENZO

Se había congregado una multitud en la conferencia de prensa en la que el jurado independiente iba a proclamar los resultados finales de la Competición sin Píldoras. Cuando el público hubo tomado asiento, el portavoz del jurado leyó la declaración oficial para la prensa:

—Tras doce meses de reñida contienda, tenemos el honor de anunciar que el ganador de la Competición sin Píldoras es el equipo dirigido durante todo un año sin la Píldora del Liderazgo. Nuestra más sincera felicitación al Jefe Eficaz y su equipo de primera.

El grupo del Jefe Eficaz se puso en pie para aplaudir y vitorear al tiempo que él se dirigía al estrado.

—Hemos superado los objetivos personales y de rendimiento de nuestros tres principios básicos —dijo el Jefe Eficaz—. Estoy muy agradecido a este equipo de personas tan inteligentes, que tienen todo el mérito de que esto se haya conseguido. Si bien es un logro extraordinario, he de decir que sabía desde el principio que lo conseguiríamos.

El Jefe Eficaz estrechó la mano a cada uno de los miembros del equipo y a continuación se dirigió al público.

—Los jefes eficaces se ganan el respeto y la confianza de su equipo día a día —recalcó—. Comprenden que se necesita tiempo para perfeccionar la mezcla adecuada de integridad, colaboración y valoración. Fundamentalmente, la Mezcla Secreta consiste en una potente pastilla para dirigir con eficacia a largo plazo.

El Jefe Eficaz miró a su equipo con expresión de orgullo y gratitud. Después añadió:

—El equipo y yo queremos que se lleven a casa datos muy valiosos sobre la filosofía que nos ha orientado durante la Competición sin Píldoras. Se trata de unas sencillas verdades que nos han ayudado a mantenernos fieles a los valores de la Mezcla Secreta que adoptamos. Cualquiera que desee ser un jefe de equipo eficaz e incluso su propio jefe puede aplicarlos.

Sacó un montón de folletos plastificados que repartieron los miembros del equipo mientras él leía el texto en voz alta.

LA MEZCLA SECRETA DEL LIDERAZGO EFICAZ

*Dirigir no es algo que se hace a las personas
sino algo que se hace con ellas.*

La integridad

- Dirigir con integridad significa ser como quieres que sean los demás.
- La confianza es lo que resulta de la coincidencia de valores y conductas.
- Estarán más dispuestos a confiar en ti y a respetarte cuando lo que dices coincide con lo que haces.

La colaboración

- La clave para ser un jefe eficaz radica en la relación que estableces con tu equipo.
- Quien comparte, reparte.
- Resulta más fácil subir la cuesta si vamos todos juntos.

La valoración

- El elogio es la forma más sencilla de que las personas sepan que se las valora.
- Todos poseemos la capacidad de reconocer lo bueno que tienen los demás.
- Llegarás mucho más lejos si te paras a repostar.

El perfeccionamiento de la mezcla

- Los demás empezarán a pensar por su cuenta cuando tú dejes de pensar por ellos.
- Dirigir es un proceso que consiste en llevar a todos a donde deberían estar.
- El mayor logro de un jefe consiste en ganarse el respeto y la confianza de su equipo.

El Jefe Eficaz recibió una clamorosa ovación cuando bajó del estrado para reunirse con su equipo a celebrar el éxito. En ese momento cayó en la cuenta de que aquellas personas habían hecho algo más que ganar la Competición sin Píldoras. Era algo mucho más importante: eran capaces de vivir según los principios de integridad, colaboración y valoración sin él.

En esto consiste dirigir con eficacia, se dijo para sus adentros mientras se despedía de todos.

Pasmada por los resultados de la competición, la jefa de relaciones públicas de las Industrias de la Píldora del Liderazgo no se había levantado de su asiento.

—Se acabó la Píldora del Liderazgo —refunfuñó, dirigiéndose al director ejecutivo de las IPL, que estaba a su lado.

—¡No digas tonterías! —exclamó el director ejecutivo con un entusiasmo sorprendente—. Vamos a renovarla.

—No te entiendo —replicó la jefa de relaciones públicas.

—Como la Mezcla Secreta para dirigir con eficacia ya no es ningún secreto, lo único que tenemos que hacer es una fórmula nueva de la píldora —dijo el director ejecutivo—. Como acaba de decir el Jefe Eficaz, los ingredientes para saber dirigir a largo plazo son la integridad, la colaboración y la valoración.

La jefa de relaciones públicas recobró la calma.

—En eso tienes razón —le dijo al director ejecutivo, y se enfrascaron en un precipitado intercambio de ideas—. A lo mejor podríamos reclutar al Jefe Eficaz para nuestro grupo de investigación y desarrollo. Y podríamos cambiar de eslogan: *El liderazgo para toda la vida....*

AGRADECIMIENTOS

Nuestro agradecimiento a las siguientes personas, que con su actitud positiva han contribuido a hacer realidad *La píldora del liderazgo* con su integridad, colaboración y valoración continuas: a Fred Hills, editor y persona sensata de Free Press en Simon & Schuster, y Margret McBride, por el impulso inicial al libro; a Richard Andrews, Humberto Medina, Dottie Hamilt, Anna Espino, Martha Lawrence y el equipo de Mercadotecnia de Éxitos de Ventas de The Ken Blanchard Companies; a Jerome Althea y Sylvester McBean por ser fuentes de inspiración; a Lauren Keith, Steve Jensen, Pam Johnson, Ron y Sherri Muchnick, Mark y Maxine Rossman, Mo M. Morris, Steve Z., Johnny y Junior Schraibmann, Ryan Sherpco, Lawrence Hier, Tim Haggstrom, Sal Bernstein, Chayks, Moshe Maoz, los estimados miembros del Club de Campo de Skaneateles y otras personas que ejercieron como críticos.

También queremos expresar nuestro agradecimiento a las personas que han trabajado con Ken y cuyas ideas han contribuido a ampliar las de Marc: Margie Blanchard, Ichak Adizes, Jim Ballard, Sheldon Bowles, Hal Burrows, Don Carew, Eunice Parisi-Carew, John Carlos, Garry Demarest, Chris Edmonds, Fred Finch, Susan Fowler, Bob Glaser, Laurie Hawkins, Paul Hersey, Phil Hodges, Bill Hybels, Spencer Johnson, Thad Lacinak, Robert Lorber, Michael O'Connor, William Oncken, hijo, Norman Vincent Peale, Alan Randolph, Dana y Jim Robinson, Don Shula, Chuck Tompkins, Terry Waghorn, Drea Zigarmi y Pat Zigarmi, entre otros.

Gracias de todo corazón.

SERVICIOS DISPONIBLES

Ken Blanchard Companies son líderes mundiales en los campos del aprendizaje laboral, la productividad de los trabajadores y la eficacia en la dirección empresarial. Basada en los principios de los libros de Ken, la empresa ejerce una poderosa influencia en el reforzamiento de las técnicas de liderazgo y el reconocimiento del valor de las personas con el fin de lograr objetivos estratégicos. Mediante seminarios y estudios en profundidad sobre temas como el trabajo en equipo, el servicio de atención al cliente, el liderazgo, el rendimiento en la gestión y los cambios organizativos, la empresa no solo ayuda a aprender sino que garantiza que las personas traspasen la frontera entre aprender y hacer.

People First Group, fundado por Marc Muchnick a principios de los años noventa, proporciona servicios punteros en los terrenos de la oratoria motivadora, la construcción de técnicas experienciales, la evaluación de organizaciones y grupos y el rendimiento en la preparación a empresas Fortune 500 y otras importantes organizaciones del mundo entero. Reconocido por su innovador enfoque sobre cuestiones como el liderazgo, la atracción y el mantenimiento de talentos, la gestión y motivación de las generaciones X e Y, la formación de equipos, la automotivación y orientación mediante el cambio, People First Group es un acreditado líder para ayudar a las organizaciones a reconocer la importancia de motivar, desarrollar y valorar a sus empleados.

The Ken Blanchard Companies
125 State Place
Escondido, CA 92029
800/728-6000 o 760/489-5005
www.kenblanchard.com

People First Group
13354 Grandvia Point
San Diego, CA 92130
858/259-1228
www.peoplefirstgroup.com